AF224484

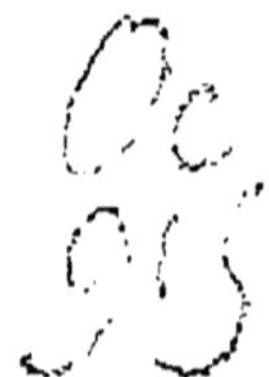

MANIFESTE

DE

LA JUNTE PROVISOIRE

DE MADRID,

AU PEUPLE ESPAGNOL,

POUR

LA CONVOCATION DES CORTÈS,

Conformément à l'ordre du Roi, du 17 Mars 1820, inséré dans la gazette extraordinaire de Madrid, du ... dudit mois.

A BORDEAUX,

Chez P.re COUDERT, Imprimeur-Libraire,
Propriétaire de *l'Indicateur Commercial*,
RUE SAINT-REMY, N.º 41.

1820.

LA JUNTE PROVISOIRE

AU

PEUPLE ESPAGNOL.

Espagnols.

Enfin il est arrivé ce moment après lequel soupiraient tous les citoyens vertueux ! Notre roi constitutionnel a convoqué solennellement le corps représentatif de la nation, toutes les inquiétudes s'évanouissent ; et la confiance mutuelle établie entre le gouvernement et le peuple espagnol, se trouvant cimentée dans le code sacré de nos droits ; jouissant désormais du calme, nous espérons voir entrer au port le vaisseau agité de l'état.

Oui, Espagnols ! vos représentans, de concert avec le monarque, tiendront un compte exact de tous les dommages qu'aura éprouvés le vaisseau de la patrie ; les reconnaissant l'un après l'autre, et leur appliquant les remèdes convenables, ils l'exposeront ensuite sur les ondes, où plein de force, il poursuivra majestueusement son cours, sans crainte de nouvelles tempêtes.

C'est alors que luiront pour vous les jours de la gloire, de la paix et du bonheur ; alors vous aurez recueilli le fruit de tant de sang dont vous avez arrosé les champs de la patrie : c'est alors que vous la posséderez véritablement cette patrie ; et toujours unis à sa voix, comme de tendres frères, adorant la vraie, l'unique religion, soumis aux lois, pleins de ce noble orgueil qui convient à des hommes libres et en tout temps fidèles à leur prince, à des hommes qui l'ont arraché des serres féroces de la tyrannie, vous serez les premiers de l'univers, un objet d'envie pour les autres peuples, et l'honneur du genre humain.

Mais, tandis que nous voyons déjà briller les premiers rayons de cette aurore bienfaisante, qui se lève sur nos têtes pour notre félicité, la junte provisoire, à qui vous avez accordé votre confiance, en la chargeant, dans des circonstances si critiques, de fonctions aussi graves; la junte, dont l'unique désir est de répondre à vos vœux, en se montrant utile à ses concitoyens, et en remettant le soin de leur bonheur à la charte précieuse, objet de notre amour et de nos travaux; la junte doit enfin manifester à la nation, les motifs puissans qui l'ont déterminée à conseiller au roi la convocation des cortès, dans l'ordre qui s'est pratiqué : elle ne redoute point non plus cette publicité, marque distinctive qui caractérise les gouvernemens illustres et libres, parce qu'elle peut bien se tromper, malgré l'examen le plus scrupuleux, et le désir le plus vif de parvenir à un but certain.

L'exposition franche de ses raisons démontrera toujours que si les lumières des membres qui la composent, n'égalent pas la gravité des circonstances, rien ne saurait du moins surpasser la noble ambition qui l'invite à travailler au bien public, rien ne surpasse le désir qu'elle éprouve de voir régner dans les institutions, comme dans nos cœurs, les principes saints et salutaires de la constitution; principes qui prirent naissance dans la religion divine et les lois sages de nos pères, et qu'anéantirent malheureusement l'arbitraire et l'hypocrisie.

Qu'ils étaient grands et terribles, citoyens, les périls qui environnèrent la junte, le jour de son installation! La tranquillité publique compromise, les institutions qui nous gouvernaient, déjà faibles et chancelantes par elles-mêmes, abolies de fait par la clameur universelle, qui, depuis les Pyrénées jusqu'aux colonnes d'Hercule, faisait retentir cet accent généreux : *vivent la constitution et le roi !* la nécessité de rétablir celles que vous aimiez dans des branches aussi étendues et aussi vastes que les différentes parties qui forment l'administration publique ; l'impatience noble et naturelle qui nous faisait soupirer tous après ce changement, et le même désir généreux que manifestait notre auguste monarque de le voir se réaliser ; tout réclamait l'attention de la junte : tout était important, urgent, nécessaire.

Mais, au milieu de tant d'objets dignes des plus graves méditations, nous n'avons pas oublié un point essentiel ; c'est que la mesure la plus importante, la plus péremptoire, celle qui embrassait tout, et sans laquelle tout le reste devenait inutile, était la réunion des cortès ; parce que seules elles peuvent guérir les plaies mortelles que présente de toutes parts le corps épuisé de la monarchie.

Nous nous occupâmes ensuite, au risque de franchir les limites de nos attributions, de représenter au roi ce que nous entendions à cet égard; lorsque S. M., de son côté, animée des mêmes désirs, se plut à nous ordonner de proposer les moyens de procéder à la prompte convocation des cortès prochaines ; la junte étendit ses idées sur cette matière délicate, offrant de former les réglemens, et de publier les raisons constitutionnelles sur lesquelles s'appuient ses propositions : S. M. trouva convenable de les approuver, et il est aujourd'hui de notre devoir de faire connaître leurs bases et le soin extrême que nous avons eu de suivre l'esprit de la constitution ; en tout ce que permettent les circonstances, voyant que nous ne pouvions nullement nous tenir à son sens littéral, dans la résolution des différentes questions que l'on nous soumettait, à mesure que nous examinions chacune d'elles.

Les prochaines cortès doivent-elles être ordinaires ou extraordinaires ?

Tel est le premier doute qui s'offrit à la junte, lors de l'ouverture de la discussion ; et en vérité, la situation critique des affaires, la nouveauté des succès, qui ne furent jamais jugés certains, la grandeur des remèdes qu'exigent les maux de l'état, le besoin urgent de ramener les institutions au point où les laissèrent les cortès constituantes ; ajoutez encore le souvenir de reconnaissance gravé dans les cœurs, par les bienfaits d'autres cortès semblables qui sauvèrent la patrie des chaines d'un odieux étranger et des horreurs de l'anarchie ; toutes ces considérations nous portaient, en quelque sorte, à les rendre extraordinaires : néanmoins la junte pensa d'une autre manière, et ses raisons sont suffisamment évidentes, puisqu'elles résultent des articles 161, 162 et 163 de la constitution, qui veulent qu'elles se composent *des mêmes députés que les ordinaires ; que la députation permanente les convoque ;* les députés ne se nomment que dans ces trois cas : *Quand la couronne vient a vaquer, quand le roi voudrait abdiquer en faveur de son successeur, dans le cas ou les circonstances devenant critiques et les affaires pressantes, le roi jugerait à propos qu'elles s'assemblassent, et en ferait part à la députation permanente des cortès ; et enfin, elles ne doivent prendre connaissance que de l'objet pour lequel elles ont été convoquées.*

Il est très-clair que la députation permanente n'existant pas, on ne pourra convoquer les cortès extraordinaires, puisqu'à ce corps seul, et non à d'autres, ni à aucune personne, la cha te constilutionnelle n'attribue telle faculté ; et qu'on ne dise pas que les mêmes résultats ont lieu avec les ordinaires., parce que la convocation de celles-ci ne se repose que sur la même marche régulière d'institutions.

Nous ne sommes pas non plus dans un des trois cas désignés pour leur convocation : elles peuvent encore moins se réunir dans le dessein de remédier à une circonstance particulière et imprévue : il s'agit, il est vrai, de réorganiser le gouvernement, mais non sur de nouvelles bases ; il est question de le reconstruire sur les premiers fondemens que posèrent les cortès en sanctionnant la constitution : il est question de rétablir, suivant ses propres expressions, les fonctions annuelles de la représentation nationale , comme si elle n'eût jamais été suspendue par la fatale influence des hommes qui ne surent point voir, ou qui s'obstinèrent à ne pas reconnaître combien la présence de ces zélateurs de la prospérité publique, importait à la félicité de la patrie et du roi.

Enfin, il est question d'unir entr'eux les liens entièrement dissous de cette monarchie; de ranimer, de donner une vie nouvelle au corps expirant de la nation ; d'examiner, en les rassemblant ou en les recomposant, tous les rouages inutiles ou brisés de la grande machine politique ; de songer à la gloire et au sort des héros, qui, loin de se borner à l'honneur d'avoir vaincu les ennemis formidables dont les armes osèrent nous insulter, ont ajouté à leurs titres ceux de restaurateurs de la liberté civile ; il s'agit de subvenir à la misère, à la détresse, aux cris de douleur des peuples opprimés et ruinés par l'affreux résultat de calculs erronés et prétendus économiques ; il faut remédier à la pénurie du trésor public, épuisé malgré des contributions énormes, à l'anéantissement de la marine ; à la triste condition de l'artisan, qui reste sans travail au fond de son atelier, tandis que sa déplorable famille mendie en pleurant le pain amer de la pitié ; on ne doit plus laisser désormais sans récompense la valeur inutile du soldat qui, à la honte de ses concitoyens, montre à leurs regards, en étendant vers eux sa main desséchée, les blessures glorieuses qu'il reçut, lorsqu'il combattait pour la défense de leurs foyers, de leurs familles et de leurs richesses ; on ne doit plus souffrir que le laboureur, haletant de sueur et couvert de poussière, conserve à peine d'une récolte abondante, et ne recueille pas d'immenses travaux, le faible aliment nécessaire pour satisfaire au premier besoin de la nature ; non, il ne faut plus désormais que, privé des communications qui doivent régner entre les membres du corps social, il périsse de faim, sous le poids des riches épis qui l'environnent.

Tels sont les nombreux, les divers objets qui doivent occuper les prochaines cortès ; tel est l'excès, telle est la grandeur du cadre affligeant des maux qui nous dévorent ! tant est vaste le champ que les cortès ont à parcourir pour y remédier.

De telles preuves ayant démontré que les cortès actuelles doivent être ordinaires, et que les députés de la nation ont besoin de se voir investis des pouvoirs signalés dans l'article 100 de la constitution, un autre doute est venu se présenter à la junte ; savoir : *si l'on devrait rappeler les cours qui se trouvaient réunies en 1814, ou s'il sera nécessaire de procéder à de nouvelles élections?*

Tous les hommes qui ont étudié les fondemens de la société, savent que le système représentatif n'est qu'un moyen de concentrer en un certain nombre déterminé de personnes élues par le peuple entier, le droit de voter les lois, droit qui réside incontestablement dans chaque citoyen ; supposant l'impossibilité que tous les membres d'un grand état concourent en un point pour en user : aussi les anciennes républiques méconnurent-elles ce système; parce que les citoyens, ne résidant qu'au sein d'une seule ville, malgré la vaste étendue de l'empire, pouvaient se réunir, et assister par eux-mêmes aux assemblées.

Si un tel système était praticable dans l'organisation plus parfaite des nations modernes, si les parties unies entr'elles par des lois et des prérogatives communes, formaient un grand corps en tout égal et réciproque, il serait indubitable le droit qu'ont les Espagnols de se réunir dans l'occasion présente ; mais ce cas ne pouvant s'effectuer, et se voyant contraints de déléguer leurs pouvoirs à leurs représentans, il est évident que ceux-ci doivent consulter leur volonté, et leur laisser l'action que personne n'a la faculté de leur refuser, savoir : de choisir les mandataires les plus dignes de leur confiance, soit parmi ceux qu'ils ont élus antérieurement, soit parmi d'autres qui auront mérité cet honneur par leurs talens, leurs vertus ou par les preuves qu'ils ont données pendant six ans, de la fermeté de leur caractère et de leur adhésion au système constitutionnel. Et quand, si ce n'est à l'heure même, le peuple espagnol devra-t-il user de ce droit précieux ? le priverons-nous du pouvoir de l'exercer, précisément au moment même où vont se présenter les questions qui intéressent le plus sa félicité future ? au moment où ses représentans doivent accomplir la régénération politique de l'Etat ? dans ce moment que, peut-être les siècles ne reverront plus, où l'on va poser les bases éternelles de sa grandeur et de sa gloire, où se fixent peut-être pour toujours les destinées des générations entières ?

D'un autre côté, durant le long espace de temps

qui suspendit la charte que nous jurons aujourd'hui de nouveau, on aurait vu entrer dans l'exercice des droits de citoyen, presque le quart des Espagnols qui doivent voter en ce moment, et qui vote-raient effectivement leurs députés, si les cortès eussent continué sans interruption, en se convo-quant et se renouvellant toutes les deux années. Serait-on fondé en raison pour leur refuser, dans une occasion aussi solennelle, la faculté que la loi leur accorde, lorsque la députation qui com-posait les cortès de 1814 a terminé indubitable-ment ses fonctions? et on ne peut nier qu'elle ne les ait terminées, quel qu'en fût le motif, puisque la constitution ne prévient pas qu'elles doivent se proroger plus d'un mois, pour aucune cause, tandis que, d'une autre part, quand bien même on les supposerait réunies sans intervalles, elles au-raient déjà donné lieu à deux autres députations.

De plus, la dignité nationale, la magnanimité espagnole et l'esprit bienfaisant de la sainte reli-gion que nous professons, ne consentent pas à rappeler les fautes, ni à obscurcir les jours d'une joie si pure, par des idées de vengeance et par les larmes des familles. Certes, s'il est des mo-mens où la rigueur même des lois doit céder aux accens de la piété et à l'éclat des succès, c'est à l'heure où nous parlons : le triomphe de la raison et des lumières ne doit se montrer que par la générosité des principes et la modération des ac-tions. Oublions donc, citoyens, le funeste égare-ment de quelques hommes que nous ne pourrions voir siéger dans le sanctuaire des lois; et comme on pourrait, de toutes manières, les remplacer par un nouveau mode d'élections, nommez vos re-présentans de nouveau, et donnez au monde cet exemple de plus de vos vertus sublimes.

Mais si les prochaines cortès ne doivent pas être

extraordinaires, ni ne peuvent se composer des députés qui assisteront aux ordinaires, à qui appartient-il de convoquer les nouvelles élections ?

La constitution, dans les articles qui traitent de la réunion des cortès, n'attribue ce pouvoir ni à une corporation, ni à aucune personne, sinon dans le cas où il s'agirait de nommer la députation permanente des cortès extraordinaires ; parce que les époques étant déterminées pour le renouvellement des députés, ainsi que les jours fixés, où doivent se réunir les juntes électorales, les cours préparatoires des cortès et les cortès elles-mêmes ; il n'est pas nécessaire de convoquer les citoyens, considérant qu'ils savent quand et comment ils peuvent user de leur droit électif. Lors même que nous voudrions attribuer à la députation permanente, dans la situation actuelle, la faculté qui l'aide seulement à la convocation des extraordinaires, elle n'existe pas non plus, et le roi ne peut pas la nommer, sans travailler plus directement contre la lettre de la constitution, qu'en les convoquant lui-même.

Ainsi, le roi seul, le chef suprême de la nation, peut convoquer les prochaines cortès ; et cet acte est d'autant plus convenable aujourd'hui qu'il nomme réellement les députés, avec la plus grande preuve du désir sincère qui le fait aspirer à voir établir la constitution qu'il a jurée spontanément ; et il les nomme ces députés, comme des conseillers fidèles, comme des pilotes habiles qui l'aident à tenir d'une main ferme, le gouvernail, sans risquer de se perdre dans de nouveaux naufrages.

L'état des affaires, la situation déplorable de la monarchie, non plus que le vif désir qu'éprouve lui, à part de la nation, de voir s'assembler les cortès, ne permettent point que l'on observe scrupuleusement les intervalles prescrits par la constitution , pour convoquer les juntes electorales de paroisse , de canton et de province , parce que l'intervalle des premières aux secondes devant être d'un mois , d'un autre mois celui des secondes aux troisièmes , et comme il y a trois mois enfin à partir de ces dernières , jusqu'à l'ouverture des cortès , les députés ne pourraient, de cette manière, se réunir qu'en octobre. En conséquence, la junte, impatiente de les voir assemblés , et voulant, à l'époque convenable, autant que possible , se conformer au code fondamental, a proposé les mesures suivantes, que S. M. a daigné accepter; savoir :

On préviendra que les élections soient faites avec la plus grande brièveté, dans les îles Baléares et des Canaries; que les juntes électorales de paroisse se tiennent dans la Péninsule , le dimanche, 30 avril prochain , celles de district le 7 de mai suivant, et celles de province , le 21 du même mois, afin qu'en donnant aux députés un mois de latitude pour se présenter dans cette capitale , les cortès puissent être constituées le 6 du mois de juillet.

Mais , après avoir levé tous ces obstacles , il en reste un très-grave à surmonter : il s'agit de l'installation du congrès. La constitution , dans les articles 111 à 118 , attribue à la députation permanente , la présidence des juntes préparatoires, et la fonction de recueillir les noms des députés et ceux de leurs provinces ; à quelle fin on doit choisir parmi les membres composant cette députation , le président, les secrétaires et les vérificateurs des scrutins : mais la députation n'existant pas, comment suppléer à ce défaut dans ces actes, lesquels on ne peut constituer légitimeme congrès !

Après un mûr examen , la junte a pens le moyen le plus propre , et se rapprochant l des formes exigées par la constitution , en temps que le plus capable de se prémunir contre toute intervention étrangère dans les cortès, qui s'opposerait à la division des pouvoirs, était que tous les représentans réunis le 26 de juin, en première junte préparatoire, élussent de leur sein, à la pluralité des voix, et pour cet objet seulement, le président, les secrétaires et les vérificateurs de scrutins, mentionnés dans l'article 112 de la constitution; et ensuite les deux commissions de cinq et de trois personnes, désignées dans l'article 113, pour examiner les pouvoirs, s'organisant dans la seconde assemblée du premier jour de juillet, et dans les autres qui seraient nécessaires jusqu'au 6 du même mois, ce qu'indiquent les articles 114, 115 et 117, et procédant aussitôt à l'élection du président, du vice=président et des secrétaires; le résultat de cette opération fera cesser les pouvoirs des membres élus, pour remplacer la députation permanente, et les cortès demeureront constituées, en ouvrant leurs sessions, le 9, second dimanche du mois.

Restait encore à résoudre le mode qu'il convenait d'adopter pour introduire une représentation légitime dans les cortès de nos frères d'outremer; unis ensemble par les nœuds sacrés de la religion et par la conformité des lois, accoutumés à partager, en tout temps, les prospérités et les revers, issus du même sang, nous formons tous la grande famille Espagnole; ni l'immensité des mers, ni les vicissitudes des succès, ni les dissensions intestines dont la patrie ordonne aujourd'hui le terme, ni les torts mêmes, si l'on pouvait rappeler des torts entre frères, aucune puissance ne saurait briser les tendres liens par lesquels nous enchaînent la nature et la fortune : ainsi, malgré les événemens douloureux de ces six années désastreuses sur lesquels nous pleurions, sans pouvoir

élever notre voix fraternelle, le territoire espagnol renferme les mêmes provinces que désigne
l'article 10 de la constitution.

Non, ce n'était pas là cette difficulté qui se présentait à la junte ; mais plutôt l'intervalle immense
qui sépare de nous ces généreux concitoyens ; les
hasards de la mer, et la vaste étendue de provinces aussi riches, qui sont assurées, d'une manière
péremptoire, que les maux de l'état réclament la
réunion des cortès, de tels obstacles ne laissent
pas espérer que leurs représentans puissent se
rendre à l'assemblée avec une égale promptitude ;
d'un autre côté il ne serait ni légitime, ni juste,
ni décent de priver, quoique momentanément,
ces provinces, des votes qui leur appartiennent
dans toutes les délibérations intéressantes pour
le bien de la monarchie ; aujourd'hui surtout qu'est
venue l'époque spécialement consacrée à la réconciliation ; dans ce jour où, pardonnant les erreurs,
et oubliant les offenses, nous courons tous nous
réunir sous un gouvernement sage ; losqu'enfin
le cri de la liberté parcourant l'espace de l'immense Océan qui divise les deux univers, retentit, au travers de ses ondes, et revient sur
nos côtes en répétant ces mots sacrés : Paix,
concorde, indépendance.

Dans cet embarras, la junte n'a cru rien de
plus prudent à faire, ni de moins opposé au système constitutionnel des élections, que de recourir
au moyen adopté par le conseil de régence, pour la
réunion des cortès générales et extraordinaires en
1810 ; c'est de nommer des suppléans pour l'outremer, jusqu'à ce que les députés propriétaires constitutionnellement élus, puissent se présenter, d'après
les règles de l'instruction formée par la junte, sur celle
que les cortès de Cadix ont fait circuler pour les
élections des députés aux assemblées de l'année 1813.

Prenant donc pour base le décret du conseil de régence, la junte accepta la nomination des suppléans, et détermina qu'ils fussent au nombre de trente, comme à cette époque : mais ayant présent le droit que, dans ce cas, ont à concourir de leur vote et à être élus, tous les citoyens qui en jouiraient dans ces provinces, s'ils s'y trouvaient ; comme il n'est pas non plus possible qu'ils se réunissent tous en un point pour opérer leur élection, la junte arrêta que l'on concilierait ces extrêmes, en prévenant que les résidans en cette cour se rassembleraient sous la présidence du chef supérieur politique ; enjoignant de plus à ceux qui se trouveraient sur d'autres points de la péninsule, d'avoir à remettre, par écrit, leurs votes, au même chef, afin qu'une fois réunis à ceux de la capitale, on pût procéder au dépouillement du scrutin, et nommer ceux qui obtiendraient la majorité. Ce recours, supposé l'impossibilité absolue de rassembler en un instant les députés propriétaires, en suivant littéralement le texte de la constitution, est celui qui se conforme, qui se prête le mieux aux élections populaires ; c'est celui enfin qui, dans des cas extraordinaires, s'adapte le plus convenablement à la nature du système législatif par délégués, et qui s'oppose le moins aux idées reçues dans tout ce qu'on a pratiqué, avec une approbation générale et un résultat heureux pour la chose publique.

Ce moyen trouvé dans de semblables circonstances, est admis comme supplémentaire et légitime, pour donner dans le congrès le droit de représentation, à la partie des Espagnes qui ne peut l'élire sur-le-champ, et avec la célérité qu'exige la situation des affaires ; il fallait seulement déterminer pour qui et dans quelle forme on doit accorder les pouvoirs aux députés sup-

pléans , parce qu'il ne convient pas que les électeurs se réunissent en assemblées paroissiales , de
canton et de province ; voilà pourquoi ils délè-
guent, dans un nombre déterminé de personnes ,
le droit d'élire et d'autoriser les pouvoirs , suivant la lettre de la constitution ; il était indispensable , en ce cas , d'attribuer cette faculté à une
personne ou à une corporation.

D'abord , on ne devait pas se confier à une personne , quelles que fussent d'ailleurs sa représentation et sa dignité , puisque par là ce serait con-
tredire tous les fondemens du gouvernement représentatif ; et autant vaudrait nommer cette personne , représentant universel ; or, comme il faut
voter dans une corporation , en est-il une qui soit
plus autorisée par la constitution , plus conforme
à ses principes , ni moins contraire à son esprit ,
que la junte électorale réunie à Madrid , sous la
présidence , sans vote , du chef supérieur politique ?

Nous établissons donc , d'après ces bases , que
tous les votes une fois examinés, les justifications des
provinces de la péninsule remises par écrit , et le
vote des électeurs résidans en la cour , recueilli en
en définitif , il faut que l'on procède à la nomination
des députés qui seraient élus , et qui recevraient
leurs pouvoirs , conformément à l'article 99 de la
constitution , et dans les termes précis de la formule
comprise en l'article 100.

Faute de la députation permanente devant laquelle doivent se présenter , selon l'article 111 de
la constitution , les députés , dès leur arrivée dans
la capitale , à dessein de faire inscrire leurs noms
et celui du département qui les a élus , dans un
registre , à la secrétairerie des mêmes cortès , il a
paru indispensable de charger de ces fonctions , pour
le présent , les ministres respectifs de l'état ; parce
que , dans l'obligation de ne pas omettre cette cir-

constance , pour tenir note exacte du nombre des représentans qui arrivent , et pouvoir éloigner les obstacles qui s'élèveraient dans la présentation de quelques-uns , il ne se trouve point , à défaut de l'autorité constitutionnelle que regarde cette attribution , d'autre mesure plus analogue et qui réponde mieux à l'exactitude , à la légalité et à la sûreté de ces listes.

Après avoir décidé que les cortès ordinaires compléteront le temps de leur députation, et qu'elles ont donné lieu à deux représentations nouvelles , il ne reste plus le moindre doute que les membres qui la composaient , ont rempli le terme désigné par la loi , pour être de nouveau sur les rangs des éligibles , selon le mode qui se pratique envers ceux des cortès générales et extraordinaires : motif de plus pour déterminer la junte à de nouvelles élections ; si la nation nomme donc les mêmes sujets , il restera démontré qu'il n'en existe point d'autres qui en soient plus dignes dans l'opinion publique ; mais si elle leur refuse ses suffrages , il sera évident qu'ils ne jouissaient pas de sa confiance , ou que le temps , la réflexion et les événemens postérieurs ont fait découvrir d'autres personnages qui en étaient plus dignes. Dans le premier cas, on n'aura porté aucun préjudice à l'intérêt national, ni à l'opinion des individus : dans le second , on ne pourra qu'applaudir aux résultats heureux d'une sage prévoyance, qui, en consultant la volonté présente des citoyens , saura éviter le malheur de soumettre la discussion des lois à des députés qu'on n'estimait plus les meilleurs pour un aussi haut emploi,

Telles étaient , dans la conscience de la junte , les questions les plus essentielles qu'elle devait approfondir, se réservant le soin de les examiner attentivement sous toutes leurs formes , et résolue de concilier à la fois la légitimité des moyens avec la dure nécessité qu'imposaient les circonstances, et la loi fondamentale que nous venons de proclamer, une seconde fois, à la face du monde; non, dans ces tristes jours d'invasion et de ruine, ni pendant l'absence d'un monarque chéri et captif, mais dans le sein de la paix, au milieu de nos guerriers citoyens, et élevant à votre tête ce Roi bien aimé, qui sacrifie au bonheur de ses peuples tous les attraits de la flatterie, toutes les séduisantes amorces de l'ambition, tous les charmes du pouvoir absolu, parce qu'en suivant ces détestables principes, tant de princes moins vertueux et de monarques moins dignes d'amour, couvrirent la terre de flots de sang.

Ces questions ainsi résolues, on avait encore besoin de dicter quelques règles, pour accélérer, autant que le permet l'ordre, la liberté de l'élection, la loi constitutionnelle et toutes les opérations qui doivent précéder la nomination des députés : à ces fins, prenant pour modèle celles que formèrent les cortès générales et extraordinaires, le 23 de mai de 1812, pour convoquer les ordinaires de 1813, la junte a étendu les instructions qui accompagneront le décret de convocation ; changeant uniquement ce que demandent la différence des époques et la variation des circonstances politiques dans l'un et l'autre hémisphère.

Tels sont, citoyens, les travaux qui ont occupé la junte provisoire, dès le moment de son installation, pour ce qui concerne la réunion de vos représentans ; tels sont les fondemens constitutionnels qui ont servi de bases à ses propositions au roi, telle est l'adhésion franche et sincère qu'elle a eu le bonheur de rencontrer dans son ame auguste.

Citoyens ! déjà vous voyez accomplie la parole

sacrée de votre monarque : déjà vous avez reçu la preuve la plus irréfragable du mouvement volontaire et spontané qui le porte à vous gouverner constitutionnellement : déjà vous le voyez se précipiter dans vos bras comme un père dans ceux de ses enfans : les tyrans craignent la lumière et tremblent de voir leurs esclaves réunis : Ferdinand le Grand aime la publicité et convoque ses sujets, non pour les mener dans des climats lointains, y cueillir des lauriers sanglans, non pour les écraser sous le poids de nouveaux tributs, mais pour travailler de concert avec eux à la noble entreprise de rétablir la nation espagnole dans sa splendeur première et son ancienne renommée.

Citoyens ! vous avez enfin les cortès, ce rempart inexpugnable de la liberté civile, ce garant de la constitution et de votre gloire. Enfin, vous êtes des hommes libres, et le génie odieux de la tyrannie fuit épouvanté de notre sol heureux, emportant ses chaînes sanglantes sur des plages moins fortunées : courez vous réunir à vos frères : venez élire vos députés ; mais songez bien que votre bonheur va désormais dépendre de vous-mêmes : fermez l'oreille aux perfides suggestions des ennemis du roi et du système constitutionnel ; ils voudront lui arracher sa gloire, et à nous la félicité pure et inaltérable, dont l'aurore sans tache commence à luire sur l'horizon espagnol. Ni les perfides conseils qu'inspire le pouvoir, ni la voix d'une amitié feinte, ni l'hypocrisie déguisée sous le voile sacré de la religion, ni la soif ardente des dignités, ni l'or corrupteur, rien ne doit vous détourner du sentier de la justice. Partout où vous aurez découvert le mérite modeste, la vertu indulgente, le savoir sans orgueil, la probité dans les actions et non dans les paroles, enfin, un attachement pur et sincère à

la patrie , à la constitution et au roi ; quelle q)
soit la naissance ou la condition de celui qui po,
sède ces biens précieux , voilà l'homme digne d'êt
député.

Si de tels sages forment vos cortès, nous joui
rons les premiers nous-mêmes de la félicité (»
votre pays ; la junte vous le répète : de vous seuls
à cette heure, dépendent vos destinées ; volez le
accomplir , et que le jour où vos représentan
seront réunis autour de votre monarque, mette lll
comble à la fortune des deux Espagnes.

Alors nous aurons rempli la mission délicate que
vous nous avez confiée , et laissant la nation entr
les mains de ces dignes mandataires, nous re-
tournerons à la paix de nos foyers : heureux , mille
fois heureux, si nous réussissons à servir la patrie , et si la voix reconnaissante de nos conçi
toyens accompagne nos noms !

Madrid , le 24 mars 1820.

Les membres de la junte :

Louis de Bourbon , cardinal de Scala , archevê-
que de Tolède , président ; *Francisco Ballaste-
ros* , vice-président ; *Manuel de Lardizabal* ;
Manuel Abad , évêque élu de Méchoacan ;
Mateo Valdemoros ; le comte de *Taboada* ;
Bernardo de Borjas y Tarrius ; *Francisco
Crespo de Tejada* ; *Ygnacio de la Pezuela* ;
Vicente Sancho , secrétaire-nodal.